KURT GUSKE

UNSER HINTERHOF

Heimatgedichte

Kurt Guske

UNSER HINTERHOF

GILL
VERLAG

Gill-Lyrik
Taschenbuch-Reihe, Band Nr. 21

KURT GUSKE
UNSER HINTERHOF
Heimatgedichte

Originalausgabe
3.Auflage Mai 2022

Titelbild:
Ursula Schachschneider

Buchsatz:
Gill-Media

Coverdesign:
Christine Bouzrou
www.agency-of-authors.de

GILL-VERLAG Heinrich Heikamp
Neusser Straße 75, 41564 Kaarst
Verkehrsnummer: 95833
www.gill-verlag.de
Shop: www.gill-media.de

Druck und Vertrieb im Buchhandel:
Books on Demand, Norderstedt

Druck Direktvertrieb Gill-Verlag:
Eisermann-Buchdruck, Bremen

ISBN 978-3-926800-21-3

Inhaltsangabe

Bottrop - eine ganz besondere Stadt

Am nordwestlichen Rand des Ruhrgebiets,
bist Du im Emscher Bruch gelegen.
Die Stadt, zu der es viele Menschen zieht,
und sich so gern in ihr bewegen.
Es spricht für Dich, dass vor geraumer Zeit
Neandertaler hier gewesen,
und auch die Mammuts machten sich hier breit,
das ist im „Quadrat“ nachzulesen.
Dieser Stammbaum von so langer Art,
ist ungewöhnlich und macht Dich smart.
Das Meer und der Rhein schenkten Dir Schätze,
von denen Du heute noch profitierst.
Das „Tertiär“ gab Dir Kohlenflöze -
Arbeit und Gewinn waren garantiert.
Doch bis dahin war‘s noch ein langer Weg,
der Mut und Kraft von Dir gefordert.
Zu viele Kriege waren ohne Sieg,
Besatzer Hab und Gut geordert.
Und war Dein Leben auch noch so schwer,
Du gabst nie auf, Du wurdest wer.
Weltkriege hast Du überstanden,
Dein Trümmerfeld war ohne Zahl.
Gar zu vieles kam Dir abhanden,
was blieb denn noch, was war die Wahl?
Nun kam‘s darauf an, denn die schwarze Kohle,
sie wurde überall gebraucht.
Man holte sie aus tiefster Sohle,
damit ein jeder Schornstein raucht.
Ganz Bottrop begann jetzt aufzuräumen,
und durfte von schöner Zukunft träumen.
Und heute, vereinigt mit Kirchhellen,
bist Du eine Perle im Revier.

Du besitzt so viele Ausflugstellen,
aber die „Innovation“ ist Dein Brevier.
Von Movie-Park bis zum Tetraeder,
Alpincenter und auch das Quadrat,
Sky-Diving, Schloss Beck kennt ein jeder,
auch der Malakoff-Turm steht parat.
100 Jahre Großstadt durftest du erleben,
mit Höhen, Tiefen und so manchem Beben.
Bottrop, wir werden dich immer lieben.
Glück auf.

Das Herz von Bottrop

Ist es das Rathaus oder Quadrat,
der Stadtpark stände auch parat.
St. Cyriakus oder Kolpinghaus,
Marienhospital, das Knappschaftshaus,
Malakoff, Welheim die Gartenstadt.
Die Hochschule, die man neu jetzt hat,
sind es die Bottroper Migranten,
die hier ihre Heimat fanden.
Nein, für mich kann es nur eines sein,
der Feierabend-Markt für Groß und Klein!
Bei Livemusik und schönen Sachen
trifft man auf Menschen, die gern lachen.
Hier ist man fröhlich und auch locker,
dieser Markt haut dich vom Hocker.
Der neue Markt in Rathausnähe,
lebendiges Bottrop, wie ich es sehe.

Burg Eppstein

Von einer Burg möchte ich berichten,
die man Burg Eppstein hat genannt.
Es lohnt sich für die Burg zu dichten,
ein schönes Stück vom Hessenland.
Ihre Entstehung, sie liegt im Dunkeln,
wer sie gebaut, ich weiß es nicht.
Die Sterne, die am Himmel funkeln,
sie wissen es, doch halten dicht.
Man vermutet, dass vor tausend Jahren
diese Burg als Grenzburg ward erbaut.
Römer vielleicht die Erbauer waren,
und den Grenzschutz ihr dann anvertraut.
Oder war es der Herzog Eberhard,
der sich diese Burg dereinst ersann?
Die Zeiten, sie waren wohl rau und auch sehr hart,
doch niemand weiß, wann das Bauen begann.
Aber da gibt's auch noch eine alte Mär,
von einem Ritter Eppo sie erzählt.
Diesem machte ein Riese das Leben schwer,
weil er Bertha von Bremthal geraubt und gequält.
Ritter Eppo, edel, listig, kampferprobt,
den Riesen in einer Schlucht vernichtet.
Frau Berta gerettet, Gott sei es gelobt,
danach hat er die Burg errichtet.
Egal, ob Geschichten oder Legenden,
die Schönheit dieser Burg wird nie vergehen.
Bleiben auch Trümmer an einigen Enden,
ihr Stolz, der bleibt für immer bestehen.
Weithin sichtbar sind der Turm und die Mauern,
ein starkes Fanal im schönen Hessenland.
Diese Burg wird noch vieles überdauern,
denn ein Burgverein hilft mit kluger Hand.
Viele finden diese Burg so charmant,
dass ein Mann aus dem Westfalenland,
ein kleines Gedicht für sie geschrieben.
Burg Eppstein muss man einfach lieben!

Der Wald

Der Wald ist des Menschen bester Freund,
weil er's mit ihm so ehrlich meint.
Ohne den Wald würde es uns nicht geben,
sein Sauerstoff hält uns am Leben.
Und darum stimmt mich etwas traurig,
dass mancher Mensch benimmt sich schaurig.
Achtlos wird Unrat weggeschmissen,
und junge Triebe abgerissen.
Weil man Hunden lässt den freien Lauf
scheuchen sie viele Tiere auf.
Und noch etwas find ich sehr schad':
Sie fahren kreuz und quer mit dem Treckingrad.
Ach bitte, bleibt doch auf den Wegen,
denn für den Wald wäre es ein Segen.
Unser WPZ zeigt Jungen und Alten,
wie man den Wald kann erhalten.
Geht man sehend und still in den Wald,
zeigen sich auch die Tiere bald.
Eichhörnchen in den Bäumen springen,
Vögel, die so fröhlich singen.
Ein Specht der einen Stamm behämmert,
und sich um seinen Nachwuchs kümmert.
Die Waldschnepfe sich im Busch versteckt.
Ein Dachs, der eine Maus entdeckt.
Auf einer Lichtung, so wunderschön,
Rotwild beim Spazieren geh'n.
Bei Schwarzkitteln, bitte wachsam sein,
gibt's Nachwuchs sind sie oft gemein.
Ein Waldbesuch ist wie ein spannender Roman,
denn jede Seite zeigt dir etwas Neues an.
Erlebe Wald mit deinem Schweigen,
so wird sich seine Seele zeigen.
Danke Wald.

*WPZ - Wald Pädagogisches Zentrum

Ast und Blatt

Der große Baum steht am Straßenrand,
ein kleiner Teil der schönen Allee.
Den Winter er schadlos überstand,
spürt den Frühling in der Näh‘.
Seine Äste sich im Winde wiegen,
nahrhafte Säfte ihn nun stärken.
Sind bis zur Krone hinaufgestiegen,
erste Triebe beginnen zu werken.
In der Mitte entdeck‘ ich einen Ast,
so unscheinbar und noch winzig klein.
Eine Blattknospe sprießt ganz ohne Hast,
wird das schönste Blatt des Baumes sein.

Frühling, Sommer, der Baum im grünen Kleid,
Ast und das Blatt sind fest verbunden.
Es scheint, sie lieben sich die ganze Zeit,
ein Ast und Blatt, die sich gefunden.
Der Sommer vergeht, der Herbst klopft an,
Blätter färben sich prächtig bunt.
Farbenvielfalt, wie nur die Natur sie kann,
erste Blätter schweben zum Bodengrund.
Kälter wird's, Winde wehen wieder stark,
schon bald sind die Bäume nackt und kahl.
Viele Blätter liegen herum im Park,
niemanden gibt´s, der kennt ihre Zahl.
Aber etwas verwundert an diesem Baum,
ein einziges Blatt nur noch zu sehen.

Wie stark auch der Wind weht, man glaubt es kaum,
Ast und das Blatt, sie widerstehen.
Dem Baum gefällt es, erfüllt ihn mit Stolz,
der Ast ist ein Teil von seinem Stamm.
Ein kleines Stück aus einem guten Holz,
kein Wunder, dass er sich halten kann.
Doch dem schönen Blatt geht es langsam schlecht,
verliert die Farben, verfärbt sich braun.

Der Ast hält es fest, die Liebe ist echt,
ein Ast und ein Blatt gewachsen am Baum.
Vor Kummer ums Blatt wird auch er nun trocken,
verliert langsam seines Stammes Halt.
Ein Vogel kam, wollte sich auf ihn setzen,
da bricht er ab, weicht der rohen Gewalt.
Mit seinem Blatt fällt er hinab zur Wiese,
sie können nicht voneinander lassen.
Sind jetzt in Not und fühlen sich miese,
ein Vogel kam den Ast zu fassen.
Er verbaute ihn für ein warmes Nest,
und dabei ward das Blatt zerrissen.
Mit dem Wind flog er fort, der braune Rest,
der Ast wird sein Blatt stets vermissen.

Deutschland

Schönes Deutschland, Du bist ein starkes Land,
die Liebe zu Dir hat stets Bestand.
Erhaben grüßt Du vom Zugspitzgipfel
und Du schaust hinab auf grüne Wipfel.
Aber tief in Dir Du stolzer Berg,
von Menschenhand ein Wunderwerk.
Die Zugspitzbahn, geniale Idee,
bringt uns bequem auf des Gipfel Höh.

Deutschland, Deine Berge sind zwar interessant,
aber es gibt so viel mehr in Deinem Land.
Große Flüsse mit grünen Auen,
sanfte Hügel zum Wein anbauen,
Mittelgebirge und klare Seen,
urbane Wälder traumhaft schön.
An Nord und Ostsee die weiten Strände,
Ferienziele ohne Ende.

Hamburger Hafen, ein großer der Welt,
Dresdens Oper, wiederhergestellt,
die Pinakothek sich in München befindet,
und Köln wurde von Römern gegründet.
Frankfurt, Stuttgart sind große Namen,
wo Jung und Alt zusammenkamen.
Die größte Stadt aber, die aus vielen besteht,
diese Stadt, man nennt sie auch „das Ruhrgebiet."

Zechen waren die Begründer,
und auch der Stahl war es nicht minder.
Schwere Arbeit, harte Bedingungen,
doch der Aufschwung ist gelungen.
Über's Ruhrgebiet wurde viel geschrieben,
das meiste aber war übertrieben.
Ruß, Staub und Gestank sind in der Luft,
die Emscher verbreitet strengen Duft.

Aber diese Zeiten sind längst vorbei,
Filter, Umweltschutz vorherrschend sei.
Und selbst die Emscher, der Kloakenkanal,
wird wieder sauber, wie genial.
Statt Zechen gibt es Haldengrün,
Ruhrgebiet ist wunderschön.

Und sollten sie einen Namen vermissen,
nein, Berlin habe ich nicht vergessen.
Diese Stadt, die man einst geteilt,
wurde zur Hauptstadt umgestylt.
Das Schicksal hat es mit Deutschland gut gemeint,
denn kluge Politik hat uns vereint.
Dank Gorbatschow und Helmut Kohl
fühlen wir uns alle wohl.

Die Halde

In der Erde tief vergraben
lag das schwarze Urgestein.
Niemand gab`s, der wollt es haben,
denn es brachte nur Kosten ein.
Nah bei ihm, da war die Kohle,
danach war der Menschen Sinn.
Er holte sie aus tiefster Sohle,
denn sie brachte ihm Gewinn.

Doch wie es nun beim Bergbau ist,
gab es in Mengen auch den Stein.
Und weil den Stein niemand vermisst,
grub man ihn in Straßen ein.
Als dieser Stein, Abraum genannt,
der Menge wurde immer mehr,
da wuchsen bald im ganzen Land
schwarze Hügel kreuz und quer.

Sie brauchten Platz und brachten Dreck,
raubten Äcker, Wald und Flur.
Sie dienten keinem guten Zweck,
störten einfach die Natur.
Doch dann in Ruhe nachgedacht,
was denn nun geschehen soll,
ward Mutterboden aufgebracht,
bis die Hügel waren voll.

Dann wuchs das Gras, es wurde grün,
Büsche und auch mal ein Baum.
Man baute Wege, leicht zu geh'n,
und die Aussicht wie ein Traum.
Die Städte liegen ihr zu Füßen,
weit der Blick hinaus aufs Land.
Die Natur ward zum genießen,
was der Mensch hat schnell erkannt.

Heute sind sie Ausflugsziele,
große Stätten der Kultur.
Tetraeder, Kunst für viele,
alles frei in der Natur.
Skifahren in einer Halle,
und auch eine Rodelbahn.
Ein Theater gibt's für alle,
wohin selbst AIDA kam.

So wurde aus dem schwarzen Stein,
der doch einst so unnütz war,
ein schöner Platz für Groß und Klein,
und ich find es wunderbar.

Mein Ruhrgebiet

Du wunderschönes Ruhrgebiet,
Land, in dem so viel geschieht.
Bei Dir gehen Menschen Hand in Hand,
stets freundlich und auch tolerant.
Deine Kultur und die Wissenschaft,
Fortschritt, Arbeit und Geisteskraft,
sind die Säulen in Deinem Leben,
die Dir Deine Größe geben.
Denkmäler und auch Museen,
Burgen, Schlösser, wunderschön.
Künstler, Forscher, die Fußballwelt,
sind hier sehr gut aufgestellt.
Baldeney und Duisburgs Regattabahn,
Segeln und Reitsport im Freizeitplan.
Weil Zechen sind verschwunden fast,
wurde Stahl auch angepasst.
Unsere Emscher wird ein reiner Fluss,
und auch am Himmel fehlt der Ruß.
Um den Bergbau hast Du lang gerungen,
doch der Wandel ist Dir gut gelungen.
Von Duisburgs Hafen bis Bergkamen,
Essen, Dortmund, große Namen.
Du bist ein schönes, kulturelles Land,
Integration Dein stärkstes Band.
Aufgebaut auf Stahl und Kohle,
eine feine Metropole.
Das Ruhrgebiet ist das Revier,
dass wir alle lieben hier.

Unser Hinterhof

Unser Hinterhof, ich muss es sagen,
Erlebnisreif an vielen Tagen.
Begrenzt von Wohnhaus, Stall und Mauer,
erbaut für lange Lebensdauer.
Was hat der Hinterhof alles geseh'n,
wenig Böses, das meiste war schön.
Erste Küsse im dunklen ausgetauscht,
Gerüchte vom Nachbarn aufgebauscht.
Erzählt wurde hier von jedermann,
was Vater macht und die Mutter kann.
In der Regel der Vater Bergmann war,
und Mutter betreute die Kinderschar.

Ein Bergmann war die treibende Kraft,
die für unser Land so viel geschafft.
War die Arbeit getan und war zu Haus,
leerte man so manches Fläschchen aus.
Eine Bergbausiedlung strotzte vor Leben,
viele Feiern hat's im Hof gegeben.
Geburtstag, Hochzeit, Taubensiege,
Fußball, Handball, Turnerriege.
Ein jeder hatte etwas zu sagen,
wir Kinder waren nur die Blagen.
Dieses war nur liebevoll gemeint,
Bergmannssprache, die uns geeint.

Im Stall die Toilette, Plumpsklo genannt,
statt weiches Papier Zeitung in der Hand.
Das Stalldach für Tauben reserviert,
Rennpferd des Bergmanns gut sortiert.
Am Kopf des Stalls war die Waschküche gebaut,
der man das Bad und Wäsche anvertraut.

Immer Samstag Familienbadetag,
der Vater, die Mutter und jedes Blag.
Eine Zinkbadewanne, von allen benutzt,
wurde nach dem Baden stets peinlich geputzt.
Im Hinterhof, da tobte das wahre Leben,
wir hatten nicht viel, aber waren zufrieden.

Aber etwas muss ich hier noch erwähnen,
das Töten der Tiere und ihr stöhnen.
Weil Vater und Opa auch Schlachter waren,
konnten wir Kinder vor Ort erfahren,
wie Fleisch und Wurst auf den Teller kamen.
Es hat auch geschmeckt, in Gottes Namen.
Jedoch, bevor das Verarbeiten geschah,
ein Trichinenbeschauer das Tier besah.
Und hat er seinen Stempel angebracht,
wurde eine Flasche Korn aufgemacht.
Dann wurde gefeiert und viel gegessen,
unser Hof hatte viel Charme besessen.

Das schönste aber war für uns Blagen,
einmal im Jahr kam der Leiterwagen.
Von den Eltern liebevoll geschmückt,
mit dem wir Kinder ausgerückt.
Kinderschützenfest hat man es genannt,
und alle waren außer Rand und Band.
Ein Kutscher, ein Vater mit Akkordeon,
und mittendrin meines Vaters Sohn.
Zum Abschluss im Hof Kartoffelsalat,
heiße Würstchen lagen auch parat.
Unser Hinterhof bekam so vieles zu seh'n,
zänkisch, lustig, aber auch angenehm.

Förderturm der Zeche Jacoby / Haniel Bottrop
Teufe 1856 Zechenende 2018

Da steht er, stark und fest im Schatten der Halde,
die untergehende Sonne färbt ihn rot.
Vogelgesang ertönt aus dem nahen Walde,
noch drehen sich die Räder, alles im Lot.
160 Jahre bewegten Sie die Seile,
an denen Förderkörbe sind gehangen.
Wenn sich die Räder drehten in großer Eile,
hat für den Kumpel die Schicht angefangen.

Der Kumpel, geschuftet in der tiefen Erde,
brach die Kohle aus dem Felsgestein.
So manche Lore damit gefüllt wohl werde,
der Staub bringt seiner Lunge große Pein.
Schlagwetter, Strebeinbrüche, waren Gefahren,
mit dem sich der Kumpel auseinandergesetzt.
Eine ganze Region hat Aufschwung erfahren,
egal ob einer starb oder er sich verletzt.

Eine neue Zeit hat im Revier begonnen,
Kohlenförderung ist nicht mehr angesagt.
Sie wurden gebraucht, die vielen Fördertonnen,
doch immer seltener waren Sie gefragt.
Neue Industrien sind im Revier entstanden,
Kumpel und Kohle - ihre Zeit ist vorbei.
Zechensiedlungen sind kaum noch vorhanden,
mit alten Häusern und Gärten dabei.

Adieu Kumpel, Steiger und Bergmanns Lied, „Glückauf,"
eure Pflicht und Schuldigkeit habt Ihr getan.
Ward erleichtert, ging`s mit dem Förderkorb hinauf,
die frische Luft, ein Genuss für jedermann.

Dampfloks, rauchende Schlote sind Vergangenheit,
Halden werden gebraucht für Sport und Kultur.
Zeugen schwerer Arbeit und Betriebsamkeit,
einer unvergänglichen Bergmannspur.

Liebe Mutter, lieber Vater, heute schreib ich Euch mal einen Brief

Ganz weit ist es her, dass wir geredet,
lange Zeit Euch nicht gesehen.
Allzugern hätte ich vermeldet,
was ohne Euch so ist geschehen.
Nun seid Ihr in einer anderen Welt,
zu der es keine Verbindung gibt.
Unser Herrgott hat Euch zu sich bestellt,
er hat es gemacht, weil er Euch liebt.

Ich sitze allein an meinem Schreibtisch hier,
und muss in Liebe an Euch denken.
Ich weiß, ein sehr schweres Leben hattet Ihr,
dennoch konntet Ihr viel Liebe schenken.
Zwei Weltkriege vergruben ihre Spuren,
in Euer Leben und in unseres hinein.
Adolf Hitler war einer von den ganz sturen,
der mit seinen Schergen brachte vielen Tod und Pein.

Trotzdem schenktet Ihr neun Kindern das Leben,
habt uns behütet und immer beschützt.
War es auch hart, es war Euer Bestreben,
Ihr wart ein Beispiel und es hat genützt.
Es kamen zwei Mädchen und sieben Jungen,
und schon waren wir Großfamilie.
Meiner Ansicht nach ganz gut gelungen,
alle echt und kein Faksimile.

Fünf von uns Kindern müssten bei Euch sein,
auf Erden sind wir jetzt nur noch vier.
Und manchmal, wenn ich bin so ganz allein,
denk ich: „Es wäre so schön, wenn Ihr noch hier."

Und dann, kämt ihr mal auf Stippvisite,
würdet Ihr vieles nicht verstehen.
Noch einmal mit uns in der Mitte,
für uns alle so wunderschön.

In Europa herrscht seit langem Frieden,
für alle gibt's nur eine Währung.
Die Vereinigung ward uns beschieden,
sie war friedlich mit großer Ehrung.
Die Regierung führt eine Kanzlerin,
der kalte Krieg ist schon lang vorbei.
Viele Menschen zieht es zu Deutschland hin,
weil das Leben hier am besten sei.

Ihr und wir, in verschiedenen Welten,
wer weiß, ob wir uns wiedersehen?
Was für Gesetze wohl bei Euch gelten,
und können wir sie je verstehen?
Aber ich wollte Euch nur etwas schreiben,
damit Ihr wisst, es geht uns gut.
In Gedanken werde ich bei Euch bleiben
bis auch meine Seele bei Euch ruht.
Ich liebe Euch.

An meine liebe Frau

Als ich vor vielen, vielen Jahren
an die Nordsee bin gefahren,
hätte ich im Traume nicht gedacht,
dass sich mein Herz mal so entfacht.
Ich sah ein Mädchen, so wunderschön,
dass fast vor Schreck mein Herz blieb steh'n.
Ihr blondes Haar, die Traumfigur,
das Lächeln hob mich aus der Spur.
Für mich war gleich auf Anhieb klar,
sie wird mein großer Superstar.
Aber, wird sie auch das gleiche denken,
und mir ihre Liebe schenken?

Nein ganz so einfach war es nicht,
zuerst dachte sie, der ist nicht ganz dicht.
Sie hielt mich gar für einen Spinner,
doch wie man sieht war ich Gewinner.
Das Fundament auf dem wir bauten,
dem wir die Liebe anvertrauten,
war Respekt und viel Vertrauen
mutig in die Zukunft zu schauen.
So vieles war zu überwinden,
neue Wege auch ergründen.
Doch wir haben es gemeistert,
davon war ich sehr begeistert.

Ich hatte Kinder, sie hatte keines,
da dacht´ ich mir, ich schenk ihr eines.
Dann kam zu uns die Stefanie,
richtig süß und schön war sie,
ein wunderbarer Wonneproppen,
unser Glück war kaum zu toppen.

Weil Lothar und die Alexandra
in unsrem Haushalt auch schon da,
waren wir auf einen Streich
beide plötzlich kinderreich.

Jedoch, es hat uns nicht verdrossen,
nein, wir haben es genossen.
Die Kinder, sie waren wirklich toll,
und unser Herz mit Liebe voll.

Sie wurden groß und richtig klug,
vermieden Arg, vermieden Trug.
Sie gingen aufrecht durch das Leben,
Schule, Studium und mal eben,
Karriere noch in dem Beruf,
sie folgten einem Zauberruf.
Den größten Anteil hattest Du,
warst ohne Rast und immerzu
für unsere Kinder auf den Beinen,
du liest für uns die Sonne scheinen.

Schatz, ich weiß, es war alles richtig,
so wie es kam und auch wichtig.

Aber nun sind auf so wunderbare
Weise vergangen vierzig Jahre.
Ich frag mich oft, was ist geschehen,
muss die Zeit so schnell vergehen?
Kaum verliebt, mit den Kindern spielen,
können wir das Alter fühlen.
Die vergangene Zeit war gar nicht schlecht,
es kamen Enkel, das war uns recht.
Drei Mädchen sind's und noch mehr Buben,
fröhlich jagend durch die Stuben,
und dabei auch manchen Unsinn machten,
worüber wir gemeinsam lachten.

Aber nun wird es endlich Zeit
zu feiern die Rubin-Hochzeit.
Ich dank Euch allen, die ihr hier
bei Christa seid und auch bei mir.
Nun ist Schluss mit meinem Schwafeln,
lasst uns lieber fröhlich tafeln.

Doch halt mein Schatz, noch ein Wort an Dich,
das größte Glück bist Du für mich.

(Geschrieben anlässlich unserer Rubin-Hochzeit an meine liebe Frau Christa, welche ich sehr verehre und glücklich bin, dass sie noch bei mir ist.)

Mein erster Tag im Leben

Als in einer Nacht ich wurde geboren,
hatten meine Verwandten schon verloren.
Selbst die Hebamme hat sich erschrocken,
und meine Eltern waren von den Socken.
Zu meinem Vater sagte Sie apart:
„Das Kind zu erziehen wird sehr hart.
Seine Geburt, die ist geglückt,
doch habe ich Angst, er wird verrückt".
Ich schaute sie an und dachte „ach",
schon wurde meine Blase schwach.
Ein warmer Strahl, ich fand es fein,
floss in ihre Bluse rein.
Danach kam noch ein Bäuerchen,
die Spucke traf ihr Äugelchen.
Sie war verblüfft, ich lachte leise,
ich rächte mich auf Babyweise.
Selbst mein Vater hat geschmunzelt,
nur Mama die Stirn gerunzelt.
Als die Hebamme gegangen war
bekam ich Milch von Mamas Bar.
Danach bin ich selig eingeschlummert,
obwohl noch Kriegslärm laut gewummert.

Kurzurlaub am Ijsselmeer

Drei Tage waren wunderschön
am Strand und auf dem Ijsselmeer.
Der Abschied fiel uns richtig schwer,
jedoch, wir mussten leider geh'n.
Tschüss, Adieu, wir seh'n uns wieder,
es war hier einfach wundervoll.
Auch das Segeln fand ich toll,
aus der Ferne klingen Lieder.

Der Diesel brummt im Sonnenschein,
die Fahrt verläuft doch recht bequem.
Fast kein Verkehr, wie angenehm,
wir werden bald zu Hause sein.
Doch irgendwo auf dieser Strecke,
da lauert schon der Sensenmann.
Ob er ein Opfer kriegen kann,
denn, er ist der Knochenrecke.

Dann sieht er zwei, die sind richtig,
genau was er gebrauchen kann.
Schnell schlägt er zu und trifft den Mann,
die Frau erschien ihm nicht so wichtig.

Der Mann kann sich nicht mehr regen,
das Auto ist jetzt führerlos.
Die Angst der Frau ist riesengroß,
versucht den Mann noch zu bewegen.

Da steht ein Baum, er ist im Weg,
der Wagen rast genau drauf zu,
ein schwerer Schlag und dann ist Ruh,
der Mann liegt still und ohne Reg.
Das Auto ist fast ganz zerstört,
doch alle fahren hier vorbei.
Warum ist ihnen einerlei,
und tun nicht das, was sich gehört!

Die Frau, sie lebt, rührt sich zuerst,
schaut verzweifelt nach ihrem Mann,
ob sie vielleicht ihm helfen kann.
„Bitte sag etwas, wenn du mich hörst“
doch, er liegt da, als sei er tot.
In ihrer Brust ein großer Schmerz,
ihr stockt die Luft, es brennt ihr Herz,
sie ist allein in ihrer Not.

Der Knochenmann steht da und lacht:
„Ich glaub, den Mann hab‘ ich geschafft,
und ihn bestimmt dahingerafft,
unsagbar groß ist meine Macht.“
Nur einer kommt und hilft der Frau,
ruft Polizei und Feuerwehr,
bringt bitte schnelle Hilfe her,
die arme Frau wird schon ganz blau.

Die Hilfe kommt auch richtig schnell.
Blaulicht flackert, Stimmen brüllen,
schnell noch ein paar Spritzen füllen,
der Notarzt braucht sie auf der Stell.
Und weil die Hilfe bestens war
gerettet wurden Frau und Mann.
Der Tod allein nun gehen kann,
ein Schutzengel war hier ganz nah.

Der Knochenrecke schäumt vor Wut,
sein Anschlag, er ging daneben.
Mann und Frau, sie beide leben,

Schutzengel halfen schnell und gut.
Ein Auto liegt hier in Trümmern,
Menschen aber wurden gesund.
Ein Dankgebet aus ihrem Mund,
feuchte Tränen glücklich schimmern.

Olga

Deine schönen Haare dunkler Flut,
umrahmt der Augen Liebesglut.
Deine Figur bringt mich zum Träumen,
lässt meine Liebe überschäumen.
Schon sehe ich uns auf wilden Pferden,
um mit der Taiga eins zu werden.
Taiga erforschen war schon immer mein Ziel,
bitte Olga, lass dich ein auf dieses Spiel.

Wir fliegen nach Tomsk, bekommen Pferde am Ob,
nach dem Satteln geht's los im leichten Galopp.
Unser Ziel liegt in der Ferne, der Jenissei,
Zelt und Proviant - wir haben alles dabei.
Es grüßt uns die Weite, der Steppe reine Luft,
und atmen der Freiheit belebenden Duft.
Ein paar Wolken am Himmel uns begleiten,
ein leichter Wind erfrischt uns beim Reiten.

Die Zeit vergeht, wir brauchen eine Rast,
befreien die Pferde von ihrer Last.
Wir lockern die Gurte und lassen sie grasen,
wir haben Zeit und müssen nicht rasen.
Schnell habe ich ein kleines Feuer entfacht,
Fleisch, Reis und Tomaten warmgemacht.
Nach dem Essen noch etwas ausgeruht,
dann geht es weiter mit frohem Mut.

Ich schaue auf Olga, sehe den Busen wippen,
ihren schlanken Hals und ihre vollen Lippen.
Sie schaut mich an, ein versprechender Blick,
die Nacht beschert uns wohl Liebesglück.
Glücklich reiten wir durch Taigas Weiten,
Wolken und Vögel uns begleiten.
Für den Abend suche ich einen schönen Platz,
um uns zu erholen von der Tageshatz.
Ein kleiner Hügel mit einem Bach in der Nähe,

genug frisches Gras, ein paar Tannen ich sehe.
Ich find's ideal für Mensch und Pferde,
ein schöner Platz auf dieser Erde.
Wir satteln ab und lassen die Pferde frei,
Zelt aufbauen und Olga hilft dabei.
Hol von den Tannen trockenes Holz,
das Feuer brennt, wir zwei sind stolz.

Gebackenes Brot, Käse und Dauerwurst,
schwarzer Tee gesüßt, löscht unseren Durst.
Arm in Arm genießen wir das Abendrot,
du freundliche Taiga, alles im Lot.
Die Sonne erlischt, es strahlen die Sterne,
der Halbmond begrüßt uns aus der Ferne.
In einem Zelt liegen zwei junge Menschen,
mit der Liebe und geheimen Wünschen.

Dorsten

Vor gut über zweitausend Jahren,
schon die Römer bei Dir waren.
Aber auch die alten Germanen
gehörten zu Deinen Ahnen.
Du schöne Stadt am Lippestrand,
wo Alt und Neu die Heimat fand.
Als Siedlungsort warst Du begehrt,
Aufschwung und Handel hier verkehrt.
Stadtrechte bekamst Du schon beizeiten,
um Deinen Handel auszuweiten.
Du wurdest gar in die Hanse aufgenommen
und das ist Dir ganz gut bekommen.
„Kleine Hansestadt“ hat man Dich genannt,
Du schöne Stadt am Lippestrand.

Die Lippe und der nahe Kanal,
für Wassersport ganz ideal.
Schon bautest Du Marinas ein,
Wassersportler finden es fein.
Fitnesswünsche, Wellness, kein Problem,
zum „Lindenhof“ kommt man bequem.
Und will wer durch die Lüfte fliegen,
ein Sportflugplatz ist nah gelegen.
Wanderwege, zu Fuß oder Rad,
sind für Groß und Klein stets parat.
Das Freizeitbad, „Atlantis“ genannt,
über Deine Grenzen weit bekannt.
Um mit dem Sport nun abzuschließen,
eine Eisbahn noch zum Genießen.
In der Weihnachtszeit auf dem alten Markt
wird eine Eislauffläche hier geparkt.

Ich habe noch mehr Du Lippestadt,
die ach so viel zu bieten hat.
Einkaufserlebnis und Gastronomie,
Gutbürgerlich und mit Fantasie.

Fernsehköche, die hier beweisen,
was sie erlebt auf ihren Reisen.
Auf Schloss Lembeck feiern, ein Erlebnis,
beste Bewirtung das Ergebnis.
Überhaupt sind Feste Dein Brevier,
davon erzähl ich jetzt mal hier.
Blumen, Kunst und Frühlingsfest,
Tiermarkt Lembeck ungestresst.

Altstadt, Bergfest und Landpartie,
Fine Arts in Lembeck, Vis á Vis.
Herbst, Heimatfest in Dorsten satt,
das Lichterfest die Altstadt hat.
Es gäbe ja noch so viel zu erzählen,
doch jeder Gast soll es selbst sich wählen.

Nun zu Deinen Antiquitäten:
Sankt Agatha steht für das Beten;
Deine Wall- und Grabenanlage
sieht man auch nicht alle Tage.
Das alte Rathaus und die engen Gassen,
wunderbar zu Deinem Flair wohl passen.
Jüdisches Museum und Ehrenmal,
historische Brunnen überall.
Ich könnt noch vieles über Dorsten sagen,
aus vergangenen und neuen Tagen.
Doch, ich beende hier meinen Bericht,
den ich geschrieben als Gedicht.
Dorsten, Du schöne Stadt am Lippestrand,
ein Juwel in meinem Heimatland.

Kirchhellen

Du mein Heimatort Kirchhellen,
Du grünes Dorf im Ruhrpottland.
Du hast so viele schöne Stellen,
wer Dich besucht, der ist gebannt.
Du wirst gerühmt für Deine Feste,
Brezel, Schützen, Olympiade.
Fasziniert sind auch die Gäste
von den Feiern und Parade.

Die Tradition der Agrar-Kultur,
gesundes Wohnen auf dem Land.
Erdbeeren, Spargel, die Natur -
sind sehr gefragt und bekannt.
Industrie und Deine Bauernschaft
vereinen sich in Harmonie.
Brauchtum, Witz und Geisteskraft
Beflügeln Dich mit Fantasie.

Ich spaziere gern durch sattes Grün,
schau Ähren, die im Winde wogen.
Erlebe Kutschen, die wunderschön
von den Pferden noch gezogen.
Ja, Pferde gibt es in großer Zahl,
Reitsport wird hier viel betrieben.
Auch Fußball, Tennis, Sport überall -
schönes Dorf, Dich muss man lieben.

Zum Ende möchte ich noch erinnern
an Movie World und auch Schloss Beck.
Frohsinn zählt zu den Gewinnern
und so viel Spaß im Freizeit-Eck.
Es gibt noch manches zu erzählen,
doch das Gedicht würde zu lang.
Kirchhellen kann ich nur empfehlen:
Ich wohne hier, Gott sei Dank.

Eine lyrische Betrachtung der Einkaufsstraße in Kirchhellen

Das Dorf in der Stadt, mit dem Flair von Tradition, Kultur, Sport und Attraktionen. Dabei denke ich an Schloss Beck, Movie-World, Reitställen, Sportanlagen und vieles mehr. Besonders unsere Einkaufsstraße kann sich sehen lassen. Einkaufsstraße in Kirchhellen ist die Hauptstraße zwischen den Nummern 20-52. Eine liebevoll gestaltete Straße, mit grünen Bäumen, Parkplätzen für PKWs, und Straßenlaternen, welche mit Ringen ausgestattet wurden. Hier werden nach den Eisheiligen Blumentöpfe eingehangen. Auch ein paar Blumenstelen werden aufgestellt, um die Wege zu verschönern. Diese Einkaufsstraße ist in ihrer Vielfalt, Schönheit und Funktionalität kaum zu überbieten. Für mich ist dieses Stück das Juwel von Kirchhellen.
Ich werde nun auf lyrische Art und Weise diesen Teil des Ruhrgebiets begehen:

Mein Start, er beginnt bei unserer Kirche,
ein Bau neu romanischer Gestalt.
Ein großer Teil der Dorfgeschichte
währt schon lang und ist sehr alt.
Zuerst sehe ich einen Friseur,
und danach etwas für's Gehör.
Backbeat-Music, viele Instrumente
für Anfänger und Talente.
Optiker Krumme ist der nächste Laden,
wichtig bei einem Augenschaden.
Dann wieder etwas zum Haareschneiden,
schlechte Frisur muss keiner erleiden.
Aber nun kommt etwas Leckeres vor,
ein Imbiss, nennt sich Burger und More.

Mit leichtem Schritt und wachen Blicken
wandere ich zum Dorfkern hin.
Und schon erkenn ich mit Entzücken,
wo historisch ich gelandet bin.

Dickmann / Kessler - fast 200 Jahre
stand die Gaststätte tapfer hier.
Doch auch sie muss nun erfahre,
dass nie mehr gibt hier noch Bier.
Wenn auch Tränen sind geflossen
Abriss wurde schon beschlossen.
Versicherung, Polsterei und Hörgeräte
war das Nächste, was ich nun erspähte.

Dann sah ich Kläsener, eine Bäckerei,
Urkorn und Handwerk werden hochgeschätzt.
Brot und Kuchen so manch Leckerei,
landen hier in dem Einkaufsnetz.

Die Dorf-Apotheke hilft den Kranken,
indem sie Erregern zeigt die Schranken.
Glückauf-Apotheke und Antonius
helfen auch gern, denn krank sein bringt Verdruss.

Nach Textildiscount ein wahrer Schatz,
das Genusskontor lädt dich ein.
Für mich ist es ein schöner Platz,
mit Tee, Kaffee und Spezereien.
Spirituosen, rauchig und smart,
bekommt man hier der feinsten Art.
Gegenüber am Parkplatz der Vitaminkorb ist,
gesundes Obst und Gemüse, nichts wird vermisst.
Es geht weiter bei Frau Gase, sie ist vom Fach,
gibt es Schmuck und Uhren unter einem Dach.

Blütenzauber hält für Dich bereit
bunte Blumen im Farbenkleid.
Daneben Riesener, eine feine Fleischerei,
großes Angebot, für jeden etwas dabei.
Family und Mrs. Sporty nur für Frauen,
die sich Sport und Fitness anvertrauen.
Nun schließt sich an das Life und Stile,
hier findet jeder sein Lieblingsteil.

Zurück nach rechts, Petersens Modegeschäft,
Mode nur für Frauen, was mich verblüfft.
Schuhhaus Möller, ein geniales Haus,
hier sucht man sich gern die Schuhe aus.
Susanne und Jochen, ein tolles Team,
sie machen den Einkauf sehr bequem.
Lotto Elpers, Andys Mode, Der Breuker Platz,
wo ich mich erhole von der kleinen Hatz.
Ein schöner Platz mit Bänken und Bäumen
verführt zum Ruhen und zum Träumen.
Mein Blick trifft die Brezel-Bruder-Familie,
die bei einer Platane nah beisammen steht.
Brezelfest, das ist Historie,
ein Fest, zu dem man gerne geht.

Ich sehe Banken und das Timmerhaus,
ein Geschäft für schöne Geschenke.
Viele Kunden gehen hier ein und aus,
passt gut zum „Breuker", wenn ich`s bedenke.
Hinter mir bekommt man Haushaltswaren,
„Heib`s" haben hier die Segel gerefft.
Sie sind günstig, und man kann viel sparen,
betätigt man dort sein Kaufgeschäft.
Hoch steht in der Frauen Gunst
Goldschmied Dietz mit seiner Kunst.

Auch den Männern kann er empfehlen
Frauenherzen mit Schmuck zu stehlen.
Noch ein Schuhhaus und Kläseners Café
sind in der Nähe, wie ich es seh'.

Ich steh' auf und lass den Breuker Platz allein,
betrete ein Café für Groß und Klein.
Eiscafé, Pisa, Waffeln und Eis,
sind so lecker für Kind und Greis.
Bei einem Eis blick ich auf die Straße,
die gute Laune und Lust versprüht.

Eine Straße der Extraklasse,
wo das Leben pulst und die EC-Karte glüht.
Nachdem ich mein kühles Eis genossen,
schlendere ich erfrischt gleich weiter.
Da kommt ein Kind vorbeigeschossen,
auf einem Roller und lacht heiter.
Keiner schimpft, man nimmt‘s gelassen,
die Stimmung ist wirklich gut.
Kirchhellens Laune kaum zu fassen,
hier zu leben macht jedem Mut.

An Schreibwaren, Brillen und Pizza-Laden
gehe ich langsam und gelöst vorbei.
Dieser Spaziergang ist gut für die Waden,
es macht mir Spaß, bin mit Freude dabei.
Mein Gang bringt mich zur Natur-Metzgerei,
Scharun, mit Bio-Ambitionen.
Besonderes Fleisch, gesund nebenbei,
belegt durch amtliche Aktionen.
Nach Sporkmann und dem Bastelfachbetrieb
steh ich vor Fieles Fahrradgeschäft.
Ein moderner Laden und auch sehr beliebt,
Kompetenz und Wissen was dies betrifft.

Vor Kodi noch aus Kurdistan
kamen zwei Geschwister an.
Hair und Beauty nennt sich ihr Betrieb,
Haare und Schönheit haben beide lieb.
Die linke Seite kann ich jetzt beenden
und gehe zur rechten, dem letzten Teil.
Ein paar Geschäfte will ich noch ergründen,
und welche Waren sie uns bieten feil.

Ich beginne bei Pieper, einer Parfümerie,
dann die Deutsche Bank und ein Geschäft für Mode.
Erblicke Flockerts, Schuhe und Orthopädie,
hier gibt es Hilfe für Haltung und Sohle.
Ich habe es selbst am eigenen Leib erfahren,

wie gut meine Einlegesohlen waren.
Bei Ostendorfs Fernsehen und Electronic
gibt es Spaß und Stimmung für jedes Haus.
Geprüfter Kundendienst mit Fachästhetik -
Ostendorf kennt sich mit allem aus.
Ein Haus weiter und gleich nebenan
ist Herr Schmieding, ein Fotografenmann.
Er macht ganz bezaubernde Bilder,
mal etwas zart, mal etwas wilder.

Das nächste Geschäft betreibt Uwe K.
mit sportlicher Mode für jeden Mann.
Viele Kunden kommen aus Fern und Nah,
weil man seine Sachen gut tragen kann.
Nun noch etwas Schönes für unsere Damen,
das Geschäft mit Barbaras Wäscheträumen.
Hier gibt's viel Zartes mit Spitzenrahmen,
die unsere Damen zärtlich umsäumen.
Aber auch an die Männer hat man gedacht
und eine Ecke für Sie freigemacht.

Es folgen Kikk und Drogerie Rossmann,
das große Café von Bäcker Sporkmann.
Ja, die Hauptstraße hat viel zu bieten,
und schöne Wohnungen sind auch zu mieten.
Aber beim Parken die Parkscheibe nicht vergessen,
denn wir haben fleißige Politessen.
Mein Dankeschön an Kirchhellen.

Kurt Guske wurde 1944 als sechstes Kind von neun in Bottrop geboren, wo er heute noch lebt. Sein bewegtes Berufsleben als Chemiefacharbeiter, Privatermittler und Pharmareferent findet sich in seinen Büchern (Roman, Kinderbuch, Kurzgeschichten und Gedichte) wieder. „Unser Hinterhof" ist sein erster Lyrikband im Gill-Verlag und präsentiert seine stets liebevoll gereimten Verse über Deutschland und das Ruhrgebiet.

Kurt Guske

<u>Veröffentlichungen:</u>

Monk, der Ziegenbock
Heitere Lyrik für Kinder
2015, Engelsdorfer Verlag, Leipzig

Entführt, Vermisst, Verschollen
Roman
2019, Engelsdorfer Verlag, Leipzig

Unser Hinterhof
Heimatgedichte
2021, Gill-Verlag, Kaarst

Die kleine Schneeflocke Sternenschein
Nicht nur ein Weihnachtsbuch
2021, Gill-Verlag, Kaarst

Im Gill-Verlag sind weitere Bücher in Planung.

Aktuelle Bücher im Gill-Verlag

Zeitgenössische Dichter

Willie Benzen	Die tanzenden Gärten
	Über Hürden denken
Rolf Blessing	Wichtige Dinge
Martha Bürvenich	Die Bank im Park
Kurt Guske	Unser Hinterhof
Uschi Hammes	Eingefroren im Dämmerlicht
	Wenn erste Wölfe heulen
J. Heinrich Heikamp	Tage haben Flügel
	Frankfurter Reise
	Regen prasselt leise
	Es ist immer Dein Weg
	Bevor wir uns gefunden
	Geradewegs gehen wir
	Gillbachgedichte
Uwe Honnef	Wie die Tiefen der See
Nikolaus-Josef Kahlen	alles ist besprochen
Antje Koller	Immer wieder gestrandet
	Nur ein Tropfen
Uwe Kraus	Von Innen nach Innen
Heinrich Schmidt	Gerade zum Trotz
Lisi Schuur	Nebellaut
Ekkehard Walter	Glücklich verwurzelt
	Laufwege
Richard Wolter	Letzte Nacht endete heute früh
	Der Tag erwacht nach Mitternacht

Anthologien

J. Heinrich Heikamp (Hg.)	Verdichtete Kraft durch Glauben

Kinderbücher

Kurt Guske	Die kleine Schneeflocke Sternenschein
J. Heinrich Heikamp	Die Buschkobolde
Ursula Schachschneider	Rubina aus dem Edelsteintal
Ekkehard Walter	Der Kugelkaktus von Opa Alfons

Gill-Bücher erhalten Sie im örtlichen Buchhandel oder direkt beim Verlag.